AF466172

UNE

BATAILLE DE NUIT

PAR

DE LA VERLIÈRE

PARIS
…, PLACE SAINT-ANDRÉ-DES-ARTS.

LIMOGES
46, NOUVELLE ROUTE D'AIXE, 46.

HENRI CHARLES-LAVAUZELLE
Libraire-Éditeur.

1892

UNE BATAILLE DE NUIT

UNE

BATAILLE DE NUIT

PAR

De La VERLIÈRE

PARIS
11, Place Saint-André-des-Arts.

LIMOGES
46, Nouvelle route d'Aixe, 46.

IMPRIMERIE ET LIBRAIRIE MILITAIRES

Henri CHARLES-LAVAUZELLE
Editeur.

1892

AVANT-PROPOS

La ville gauloise de Morita (1) était à moitié lacustre; c'était un centre considérable, allant du Moulin-de-Paille jusque sous le Montargis actuel et, à l'ouest de cette ville, jusqu'à Repos, possédant un oppidum sur le dunum qui la dominait.

C'était une ville de transactions commerciales, un point militaire important entre la Seine et la Loire et une succursale druidique de la ville sainte de Melodunum (2).

Les oppida gaulois étaient, en effet, des marchés fortifiés qui, en dehors des jours fixés pour les transactions, n'étaient habités que par la garnison.

L'importance militaire de la ville gauloise est attestée par les routes celtiques qui la traversaient ou passaient à une distance rapprochée :

1° La route de Sens à Chartres, passant par Vellodunum (3) et Uxellodunum (4) ;

2° La route de Sens à Châteauneuf-sur-Loire, passant par Pont-à-l'Ane, la Ronce, le Bouy (5), la rue des Perrins, la Croix-de-la-Lieue, Chevry (6), la Ronce-de-la-Loire auprès de la Butte-du-Mont-aux-Prêtres ;

3° La route d'Auxerre à Condate (7) ;

---

(1) Roi gaulois dont parle César au VIe livre de ses *Commentaires sur la guerre des Gaules.*

(2) Melun.

(3) Château-Landon.

(4) Sceaux.

(5) Etymologie : buis.

(6) Etymologie : chèvre.

(7) Montereau-Fault-Yonne.

4° Le chemin du Sel, de Joigny à la Ronce-Château-Neuf;

5° Le chemin de Saint-Mathurin, de Montargis à Larchant;

6° Le chemin des Bœufs de Douchy (1), venant de la Puysaie (2) à Nemours (3);

7° Le chemin des Mulets, dans la forêt de Montargis;

8° Le chemin de la Bruyère, allant à Lorris;

9° Le chemin de la Grande-Jument, de Montargis à Gien-le-Vieux (4);

10° Le chemin des Vaches, de Montargis à Pithiviers;

11° Le chemin de la Famine, etc.

Elle est encore attestée par les nombreux camps qui sont dans son voisinage :

1° Camp du Châtelet sur Coquilleroy (5);

2° Camp au lieu dit le Camp sur Nargis, entre le Martroy et le Loing;

3° Camp dit Romain, sur Nogent (6)-sur-Vernisson (7), aux Avrils;

4° Camp de Mocquepoix (8), sur Cortrat et Pressigny;

5° Camp de Chenevière (9), près de Montbouy (10);

6° Les trois camps de la forêt de Montargis : le Château-Lasalle, le Château-aux-Chats et le Châtelet (ce dernier près de l'étang de Paucours).

---

(1) Etymologie : *dulces aquæ*.

(2) Etymologie : *puy*, hauteur; *aye*, forêt.

(3) Etymologie : *Nemosus* (bois).

(4) Etymologie : *gwrn* ou *ver*, gué.

(5) La description de ce camp a été faite par le général Bardin.

(6) Etymologie : *noë*, marais.

(7) Etymologie : *gwern* (verne ou aune), rivière des aunes.

(8) Etymologie : moquer et poix (pèse). La moquerie pèse (chagrine).

(9) Etymologie : *cannebis*, chanvre.

(10) Etymologie : *mons bovis*, mont du bœuf.

L'importance comme centre auxiliaire religieux est attestée par les monuments mégalithiques très nombreux, dont nous citerons :

1° Le monastère de Montdru (1) sur Chevry ;

2° Le bûcher servant aux sacrifices humains entre Ladon (2) et Saint-Maurice-sur-Fessard ;

3° Le menhir de Courtemaux (aujourd'hui détruit) ;

4° Le menhir de Pennery (aujourd'hui détruit) ;

5° Le menhir de la Chaise (3), sur Louzouer (4) ;

6° La pierre du Gros-Vilain, près de Paucourt ;

7° La grosse pierre, sur Chevry ;

8° La pierre aux Fées, à Cépoy ;

9° La pierre aux Sorciers, à Chevannes ;

10° La pierre aux Bonnes-Femmes, à Sceaux ;

11° La pierre du Vieux-Garçon, à Triguères (trilithe) ;

12° Les tumuli du Soriot, du Cas-Rouge, de la Justice, sur Saint-Maurice-sur-Fessard ; à Benne sur Monbouy ; à la Fontaine sur Sainte-Geneviève-des-Bois ; de la butte de Montader sur Sceaux ; de la butte de Villevocques ; de Plateville, de Montcresson, de Nargis, de la Ronce ;

13° Puits funéraires de Saint-Germain-des-Prés, entre la chaussée de Montargis et les anciens bains du Moulin-de-Paille ; à Nargis au Martroy ;

14° Mardelles (5) aux abords de la forêt de Montargis et dans tous les environs ;

15° Fabrique d'armes en silex et d'instruments pour les sacrifices, à Fays (6).

Les Romains embellirent la ville de Morita et la dotèrent de thermes (à la Nivelle), d'eaux de source (aqueducs trou-

(1) Etymologie : *dru*, chêne.
(2) Etymologie : *dun*, hauteur.
(3) Etymologie : case, maison.
(4) Etymologie : *oratorium*, oratoire.
(5) Maisons celtiques.
(6) Etymologie : *fagus*, hêtre.

vés récemment). Le prieuré a été bâti par les évêques de Sens sur l'emplacement d'une maison gallo-romaine.

Cette ville fut détruite par les Barbares.

Pour résister aux incursions d'Alaric, Clovis fit bâtir une tour sur le dunum, en 512.

Cette tour est le commencement de Montargis (1) actuel.

Pierre de Courtenay fortifia le dunum et donna au château une importance militaire considérable.

Montargis ne fut guère bâti que vers 1300; il fut entouré de larges fossés remplis par les eaux du Loing, de murailles très fortes et de nombreuses tours.

Toutefois, à cette date ne fut bâtie que la partie de la ville qui regarde le Gâtinais (2); celle qui regarde le Hurepoix, appelée île d'Amadoux, ne fut bâtie qu'après Charles VII.

Le château de Montargis avait vue sur toute la ville et la forêt; il n'était commandé par aucun point du terrain environnant.

La forme en était ovale, excepté du côté de la ville; il était entouré de fortes murailles et de profonds fossés secs. Les murailles étaient couronnées de créneaux et fortifiées de plusieurs tours.

En outre, l'entrée, du côté de la ville, était défendue par quatre tours.

Après avoir franchi la porte, on trouvait une première cour aménagée pour recevoir plusieurs pièces d'artillerie.

Ensuite, venait un nouveau fossé très profond et de fortes murailles, que l'on franchissait sous une gaine précédée d'un pont-levis.

Dans cette deuxième cour, se trouvaient l'église de Sainte-Marie et la chapelle souterraine de Saint-Genefort.

On sortait par un nouveau fossé, flanqué d'une muraille très épaisse, que l'on traversait sur un pont dormant.

(1) *Mons regis, mons argus, mons arcis, mons arcis régis.*

(2) Le Vernisson sépare le Gâtinais du Hurepoix.

Dans la troisième cour, se trouvaient la Maison du Roy, l'hôtel de Guyenne et le donjon, de forme ronde, en pierres de taille avec couverture de plomb, ayant un chemin de ronde à hauteur des créneaux, assez large pour que deux soldats armés pussent y passer de front.

Le plan de Montargis, de l'an 1700, donne une légende des noms des portes, rues, monastères, etc.

Le château pouvait loger 6,000 hommes, mais il ne fallait qu'une faible garnison pour le défendre.

Le régiment de Guyenne était préposé à sa garde proprement dite ; mais il servait surtout à rendre les honneurs royaux lorsque les reines venaient y faire leurs couches ou au passage des rois étrangers (Charles-Quint, etc.).

Montargis n'a comme territoire que le sol de la ville actuelle ; sa population avant la Révolution n'a jamais dépassé 4,000 habitants.

La garnison avait des vivres de réserve renfermés soit dans le château, soit dans les tours de l'enceinte ; l'une d'elles porte encore le nom de la tour du Sau (1).

Le *pâtis* servait de pâturage au troupeau de la garnison.

La *quintaine* était une arène où les officiers et soldats venaient s'escrimer avec la lance contre une quintaine (2).

Montargis a supporté plusieurs sièges, dont le plus important est celui de Warwick.

On connaît la bataille qui fut livrée au lieu dit aujourd'hui la Croix de Gaillardin en l'honneur du héros montargois qui enleva l'étendard de Warwick et le patriotisme des habitants, qui, ouvrant les écluses de Rosny, causèrent une inondation telle que les Anglais ne purent se mouvoir que sur un espace restreint et que la garnison ainsi que les habitants, grâce aux nombreux bateliers de la ville, ne manquèrent jamais de vivres.

---

(1) Sel.

(2) Mannequin de paille revêtu ou non d'armures défensives.

UNE BATAILLE DE NUIT

La tactique en 1587.

Les armées de cette époque de transition, où l'arquebuse commence à remplacer l'arc et l'arbalète, où le canon apparait timidement, où les convois tiennent plus de longueur sur les routes que les gens d'armes et les gens de pied, étaient peu nombreuses et en même temps peu mobiles.

La cavalerie est toujours l'arme prépondérante ; les gens de pied sont encore de la piédaille et l'artillerie est rare mais redoutée : le canon n'a-t-il pas gagné la bataille de Marignan ?

La tactique est semblable à celle de la guerre de Cent ans, avec de légers changements successifs qui nous mènent à Gustave-Adolphe.

Il n'y a donc précisément pas une tactique : autant de tactiques que de chefs, tactiques variables elles-mêmes suivant la composition des armées. Tantôt les armées ne sont composées que d'infanterie et de cavalerie (armée protestante de Dohna, armée catholique de Guise) ; tantôt elles renferment les trois armes (armée huguenote de Henri de Navarre, armée royale de Joyeuse) ; tantôt elles ne sont composées que de cavalerie (armée de Henri IV, armée de Mayenne).

Montluc emploie avec succès l'arquebuse contre la pique et la lance ; Rosny fait merveille avec son artillerie.

La cavalerie royale combat avec la lance ; celle de Henri de Navarre a pris les pistolets des reitres et s'est armée du sabre.

Cavaliers, gens de pied, canonniers, sont lourds comme les armes dont ils se servent; les convois sont encombrants, les valets, les goujats sont très nombreux.

Gustave-Adolphe renvoie les valets et les goujats, allège ses soldats et, donnant ainsi à son armée une mobilité inconnue jusqu'alors, inaugure une ère nouvelle dans la tactique.

Un nom surnage dans cette période de transition, c'est celui de Henri IV, non par les progrès qu'il a fait faire à la tactique de l'infanterie, mais par l'emploi rationnel qu'il a fait de l'artillerie. Quant à la cavalerie, il a fait dévier sa tactique au moins dans les guerres de religion en plaçant deux pistolets à l'arçon. Gustave-Adolphe a rendu la lance aux cavaliers.

Mais Henri IV est surtout célèbre par ses ordres de bataille ; ce roi sut toujours admirablement prendre ses dispositions en raison de ses forces et du terrain.

Il est difficile de suivre les auteurs dans les formations de l'infanterie et de la cavalerie ; l'infanterie se formait généralement sur dix rangs et la cavalerie sur six.

Les arquebusiers, en enfants perdus ou en bataille, tâtaient l'ennemi ou recevaient le premier choc, puis s'écoulaient par les ailes afin de démasquer les troupes qu'ils couvraient.

Au combat de Saint-Jean-de-Luz, la cavalerie espagnole était formée sur trois lignes : la première engagea le combat, la deuxième vint se fondre dans la première et la troisième resta en réserve. La cavalerie française était également sur trois lignes ; la première seule fut engagée, les deux autres se replièrent sur les compagnies de gens à pied, placées sur une hauteur.

La bataille de Coutras (1587) est un exemple mémorable d'un ordre de bataille de cette époque de transition. Nous nous étendrons un peu sur cette bataille.

Après avoir pris la résolution de combattre à Coutras, Henri de Navarre envoya sa cavalerie légère, dans la nuit du 19 au 20 octobre, jusqu'à moitié chemin de la Roche-Chalais pour escarmoucher et retarder l'armée de Joyeuse.

Il plaça son armée à 2,000 pas en avant de Coutras, dans une petite plaine de 600 à 700 pas de largeur.

Il appuya sa droite à la Dronne et sa gauche à une garenne, en avant de laquelle un petit bois taillis entouré de fossés était gardé par des fantassins, qui observaient les catholiques.

Clermont, Rosny, Bois-du-Lys et Lignonville avaient employé toute la nuit à faire passer le convoi, qui était considérable ; ce ne fut guère avant 8 heures du matin qu'ils firent passer leurs trois pièces de canon avec leurs caissons.

Ces pièces furent établies sur une petite éminence qui commandait l'armée des catholiques.

Pendant ce temps, l'armée de Joyeuse débouchait dans la plaine de Coutras, file par file, par des chemins étroits et bourbeux.

Les huguenots, abandonnant alors la garenne, lui présentèrent le flanc ; si les catholiques avaient marché en ordre au lieu d'être en débandade, ils auraient pu profiter de la faute des huguenots. A 9 heures, les trois pièces d'artillerie de Rosny furent placées en batterie ; elles firent sept décharges successives sur les catholiques avant que ceux-ci pussent riposter ; chacune de ces décharges enleva de 20 à 30 hommes.

L'artillerie de Joyeuse, plus importante, fut mal placée au commencement du combat ; les boulets s'enfouissaient dans un gonflement de terrain sans atteindre les huguenots, et, avant qu'on lui eût fait prendre une meilleure position, la mêlée, qui la rendit inutile, était engagée. Les catholiques commencèrent la charge avec une grande impétuosité ; ils avaient renversé les corps avancés de Turenne et de La Trémoille, qui s'écoulèrent par les ailes.

La vraie ligne de bataille était formée en arrière en demi-cercle. Les cavaliers, sur six rangs de hauteur, étaient entremêlés d'arquebusiers, dont le premier rang s'était couché ventre à terre, et les autres s'inclinaient à des hauteurs différentes, de sorte que cinq rangs pussent tirer à la fois. Henri leur avait donné l'ordre de ne commencer le feu que lorsque l'ennemi serait à 20 pas. Le roi laissa fournir toute la carrière à ses adversaires et ne s'avança que de 10 pas pour les rencontrer.

Joyeuse, avec sa brillante noblesse, fondit avec impétuosité et en un seul corps dans cette enceinte, que les huguenots entouraient comme d'un mur d'airain. Ses chevaux, épuisés et hors d'haleine pour avoir fourni une course plus longue que leurs cavaliers ne s'y étaient attendus, furent reçus presque à bout portant par le double feu des arquebusiers à pied et des cavaliers armés de pistolets.

Plus de la moitié, dès ce premier choc, furent jetés à terre ; les autres, confondus, rompus, accablés, combattirent en une mêlée terrible jusqu'à 10 heures.

Les catholiques laissèrent sur le terrain plus de 400 gentilshommes, dont Joyeuse et 3.000 soldats ; canons, convoi, tout fut pris.

Les protestants ne perdirent que 30 soldats, mais le nombre de leurs blessés fut considérable.

L'ordre de bataille de Henri était celui d'Annibal à Cannes : Varron et Joyeuse sont serrés dans la même étreinte d'une tenaille qui se refermerait.

Il appert de ce récit que l'ordre de bataille était formé de deux lignes : la ligne d'arquebusiers, qui masquait l'armée, ligne qui ne devait que tâter l'ennemi et se replier immédiatement par les ailes, de manière à venir former la réserve ; la ligne de bataille, comprenait des intervalles de cavaliers et de fantassins, les cavaliers sur six rangs, les fantassins sur dix rangs, mais placés de telle sorte (couchés, à genou, courbés) que les cinq premiers rangs pussent faire feu.

Dans cette bataille, le feu (arquebuse, pistolet), eut raison de l'arme blanche.

Notons que la bataille de Coutras n'a duré qu'une heure, de 9 à 10 heures.

I

La camisade de Vimory (1).

Les combats de nuit sont considérés comme une des nécessités de la tactique actuelle.

Aussi, dans les différentes armées, l'éducation spéciale que nécessite ce genre d'enseignement est-elle l'objet d'une attention de plus en plus soutenue.

Avec la portée et la justesse des armes de petit calibre, avec l'emploi de la poudre sans fumée, un ennemi entreprenant essaiera, à la faveur de l'obscurité, de diminuer ses pertes et d'enlever des positions devenues, de jour, à peu près inabordables.

Toutefois, il ne pourra recourir à l'attaque de nuit que dans des circonstances spécialement favorables.

« Or, comme ces circonstances, dit Clausewitz, ne se présentent la plupart du temps que pour des parties subordonnées de l'armée et très rarement pour l'armée entière, les attaques de nuit n'entraînent généralement que des combats d'intensité limitée, et très exceptionnellement de grandes batailles.

» Alors même que les circonstances s'y prêtent, pour arriver à tourner et à attaquer une partie subordonnée de

(1) On désignait par ce nom, au XVIe et au XVIIe siècle, les surprises de postes ou de places qui avaient lieu pendant la nuit. Voici l'origine qu'on donne à ce mot : En 1523, le marquis de Pescaire, se disposant à enlever, dans l'obscurité, le poste de Rebecco, dans le duché de Modène, occupé par les Français, fit mettre aux soldats qu'il commandait, afin qu'ils pussent se reconnaître, des chemises sur leurs habits, ce qui fit appeler ce coup de main la Camisade de Rebec. Avant cette affaire, on citait déjà la prise de Pontoise, qui, en 1419, s'opéra de la même manière.

Plan de la Camisade de Vimory.

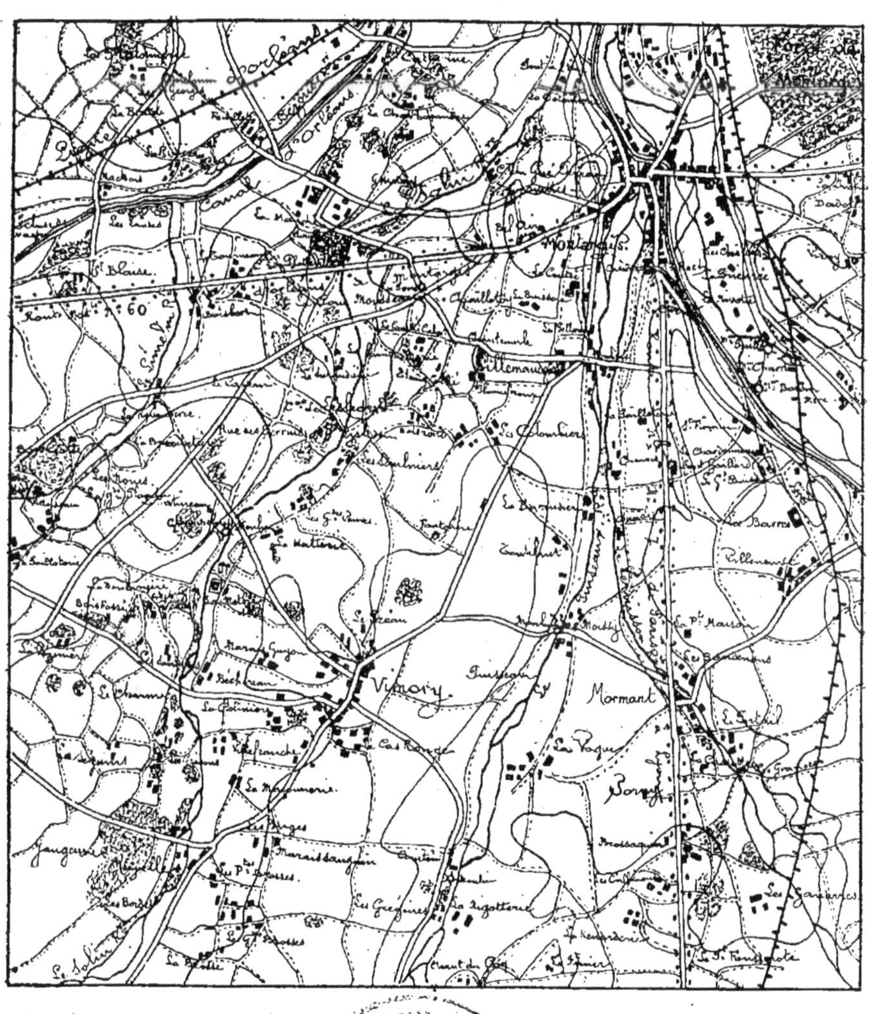

l'armée ennemie, de façon à l'enlever ou à lui infliger des pertes considérables dans un engagement désavantageux, il faut nécessairement agir par surprise, sans quoi l'adversaire n'aurait qu'à se retirer pour éviter le combat.

» On comprend bien que, à moins que la contrée ne soit exceptionnellement couverte, une surprise de cet ordre ne peut réussir qu'à la faveur de l'obscurité.

» Il faut donc, pour tirer parti de l'imprudence d'un corps de troupe isolé qui s'est aventuré hors de portée d'être secouru en temps utile, se diriger sur lui pendant la nuit, de façon à avoir, pour le moins, pris les dispositions préliminaires de l'attaque si le combat lui-même ne peut commencer qu'au point du jour. »

Ce que l'on recherche surtout dans une attaque de nuit, c'est un gain de temps et une traversée de la zone dangereuse, avec le moins de pertes possible ; mais il faut se garantir contre les paniques, les accidents imprévus et les erreurs que l'on ne peut rectifier.

Les échecs proviennent surtout des difficultés créées par des obstacles imprévus, d'erreur de direction ou sur le point de destination, de la vigilance des défenseurs et de l'ignorance de la position exacte de l'ennemi.

L'échec de Candahar est dû aux difficultés causées par des obstacles inconnus ; celui de Badajoz, à une erreur sur le point de destination, et celui d'Alexandrie, à une erreur de direction.

Les victoires de nuit peuvent amener des résultats d'une importance capitale : Troie, Babylone, Kars, Erzeroum, Tel-el-Kébir.

Depuis l'impulsion donnée aux exercices de nuit par la circulaire du 23 avril 1887, de nombreux documents ont paru sur les marches et les combats nocturnes, mais aucun ne se rapporte d'une façon spéciale à une attaque de nuit où la cavalerie s'est trouvée en liaison avec l'infanterie.

C'est cette lacune que nous allons essayer de combler en donnant un récit de la camisade de Vimory.

La victoire de Henri Ier de Lorraine, duc de Guise, sur Fabien de Dohna est due :

1° A la rapidité et à la sûreté des informations, c'est-à-dire à un excellent système d'espionnage du Balafré ;

2° A la décision rapide, à la conception géniale, à l'énergie audacieuse du chef de la maison de Lorraine :

3° Au point d'appui que l'armée de Guise trouva dans la place-forte de Montargis ;

4° A l'indécision du général allemand, perdu au milieu des armées des trois Henri ;

5° Au manque d'espions de l'armée des protestants allemands ;

6° A un défaut complet de système de sûreté de cette armée et à sa dissémination dans des villages trop éloignés l'un de l'autre.

II

La position de Vimory — l'église de ce village est à 5 kilomètres de Montargis — se trouve au sud-ouest de la place forte, dont elle garde les abords; elle est formée par un plateau compris entre le Puiseaux et le Solin, tributaires du Loing, le premier vers la Chatellenie de Langlée, le second, grossi du Vernisson au Courtil, dans Montargis même.

Des fermes assises sur le bord des étangs (marais Guyon, marais Sanguin, étang Collié, etc.) ou adossées à des bouquets de bois plus ou moins importants (Chantemerle, Plumerouge, Boisrond, Colinière, Fontaine, etc.); des fossés profonds servant à l'écoulement des eaux; des chemins de charroi défoncés; des cultures à sillons profonds; des haies nombreuses: tel est l'aspect du pays, terrain impraticable pendant la saison pluvieuse.

Ce plateau est contourné à des distances variables par deux routes:

La route de Paris à Lyon, dirigée droit au sud, qui entre dans Montargis par la porte de Sens (1) et en sort par la porte de Lyon (2);

La route d'Orléans à Joigny, direction générale est-ouest, qui traverse la même ville de la porte d'Orléans (3) à celle de Sens.

Comme on le voit, ces deux routes confondent une partie de leurs cours dans la partie comprise entre l'église de Sainte-Marie-Madeleine et le couvent des Bénédictines.

---

(1) Anciennement porte du Loing.
(2) Anciennement porte aux Moines.
(3) Anciennement porte de la Conception.

Le plateau est, en outre, traversé par un chemin qui, reliant Villemandeur à Vimory, vient bifurquer à la Chapelle.

L'importance de ce plateau est attestée par les fortifications qui défendent le passage des rivières :

Sur le Solin (1) : la Chapelle, la Motte (2), l'Isledon (3).

Sur le Puiseaux (4) : Villemandeur.

Sur le Vernisson (5), affluent du Puiseaux : le Portail, les Barres (6).

Au confluent du Loing (7) et de l'Ouanne (8) : la Ferté (9).

On sait d'ailleurs que c'est par le nord de ce plateau que Warwick assiégea Montargis en 1427, siège qui fut levé après un combat mémorable, où les Anglais furent battus par Dunois, La Hire et Xaintrailles.

Le village de Vimory (10) est disséminé le long du chemin de Villemandeur à la Chapelle, sur une étendue de 2 kilomètres. Il est composé de trois parties bien distinctes : le Préau, l'Eglise, le Carrouge (11). Les écarts principaux sont : Villefranche, les Buges, la Chapelle, les Brosses (12).

La Chapelle était le logis du comte de Dohna.

C'est dans ce terrain difficile, coupé de marais, d'étangs,

---

(1) Anciennement Saulin, rivière des Saules.

(2) De motte ; château fortifié élevé sur une butte de terre naturelle ou artificielle.

(3) Ile, dun château-fort élevé sur une hauteur naturelle ou artificielle au milieu d'une rivière.

(4) Puy, eau ; rivière venant de la hauteur.

(5) *Gwern*, verne ou aune, rivière des aunes.

(6) *Bar*, homme fort, château fortifié à fossés secs (époques barbare et féodale).

(7) *Lupi amnis*, rivière du loup.

(8) *Ovis amnis*, rivière de la brebis.

(9) Fermeté, *fermetas* ; château fortifié dans lequel l'eau jouait le principal rôle ; en général, fortifications romaines.

(10) Mormant, Thimory, Morvan, etc., souvenirs respectueux de la mer (*mor*) celtique.

(11) Carrefour.

(12) Ou broussailles.

de bois, de haies, de fossés larges et profonds, semé de groupes de maisons, sans chemins praticables, que le duc de Guise jeta ses cavaliers et ses fantassins dans une entreprise de nuit qui donna les résultats les plus heureux.

III

Pendant que Henri de Navarre, après Coutras, traversait toute la Gascogne pour aller mettre aux pieds de la belle Corisande (1) les drapeaux qu'il avait pris, donnant ainsi sa victoire à l'amour, l'armée protestante qu'Elisabeth, de concert avec tous les souverains du Nord, avait équipée et payée se mettait en mouvement sous les ordres de Fabien de Dohna (2).

Cette armée était composée :

Allemands : 8,000 reitres (3) et 4,000 lansquenets (4) ;

Suisses et Grisons : 20,000 gens de pied ;

Français : 4,000 arquebusiers à pied et trois cornettes (5) de cavalerie, sous le commandement du duc de Bouillon et du comte de La Marck, son frère.

Elle quitta l'Alsace, où elle s'était formée, les 21 et 22 août, entra en Lorraine par Phalsbourg et passa la Moselle à Pont-Saint-Vincent, le 5 septembre.

Le 18, elle arriva en Champagne, à Saint-Urbin, près de

---

(1) Diane d'Andouins, comtesse de Guiche. Guiche est un petit village à côté de Bayonne.

(2) Né en 1550, mort en 1621. Le comte Fabien fit ses premières armes en Pologne, sous le roi Etienne ; il prit part aux campagnes dans les Pays-Bas, sous Jean-Casimir, comte palatin, commanda l'armée protestante envoyée au secours des huguenots et fut enfin attaché à Joachim Frédéric, électeur de Brandebourg, qui le nomma burgrave du duché de Prusse.

Le château de Dohna est situé près de Dresde.

(3) Schwartz-reithers (cavaliers noirs) ; portaient le corselet noir, les épaulières et la salade noires ; leur armement se composait de deux pistolets portés à l'arçon de la selle.

(4) Lans-knechte ou lands-knechte (gens, gars du pays).

(5) Régiments de 1,000 hommes.

Joinville ; là, elle reçut un renfort de 100 cuirassiers et de 800 arquebusiers à cheval, commandés par François de Chatillon, fils du grand Coligny, ce qui porta son effectif à 40,000 hommes.

Elle traversa la Marne au-dessous de Chaumont et perdit neuf jours au siège de Clairvaux, sans pouvoir s'emparer de cette abbaye.

Elle passa l'Aube, la Seine et l'Yonne, cette dernière rivière au-dessous de Crevant. Là, mourut le comte de La Marck.

Vers le 15 octobre, elle était sur les bords de la Loire, à Neuvy, près de la Charité, d'où elle se dirigea sur Montargis, où elle avait des intelligences, mais ne put occuper la ville.

Elle n'était plus qu'a 28 lieues de Paris, qu'elle voulait frapper d'une énorme contribution de guerre.

Comme les hordes d'Attila, comme les bandes du duc de Bourbon, les mercenaires de Dohna s'avançaient semblables à un torrent dévastateur.

D'après la capitulation de Fridelsheim, du 11 janvier 1587, signée par Pardailhan, Clervaut et Guitry, ambassadeurs de Henri de Navarre avec Jean Casimir, administrateur du palatinat de Bavière, l'armée protestante devait vivre aux dépens du pays et recueillir l'argent des rançons, sauvegardes, passeports, contributions et branchaps (1).

Ces soldats n'étaient que des brigands dont le seul but était le pillage ; aussi dans, les logis, se répandaient-ils au loin pour avoir plus de butin ; ils brûlaient les maisons, détruisaient les récoltes, se gorgeaient de raisins dans les vignes ou de vin dans les caves, au point de se trouver le plus souvent hors d'état de marcher ; ils maltraitaient les paysans, refusaient l'obéissance à leurs chefs et se faisaient

(1) Rançon tirée d'un captif, en le menaçant de le pendre aux branches d'un arbre.

suivre par une quantité prodigieuse de chars, où ils avaient entassé le butin qu'ils avaient fait en Lorraine et celui que, sur les chemins, ils arrachaient aux habitants.

Les jours d'Attila étaient revenus. Paris, le but de leurs convoitises, était terrifié.

L'armée royale était en observation à Gien.

Le duc de Guise se tenait sur les flancs de cette armée de 40,000 hommes avec un millier de soldats seulement ; il la harcelait sans cesse, l'arrêtait pendant pendant deux jours à Pont-Saint-Vincent et cherchait à la détruire en détail en profitant des occasions favorables.

Il avait appelé à lui son frère le duc de Mayenne avec toutes les forces que celui-ci avait pu réunir dans son gouvernement de Bourgogne ; il avait été rejoint par le marquis de Pont-à-Mousson, fils du duc de Lorraine, avec les volontaires de l'armée de son père : en tout 1,500 chevaux et 3,000 fantassins, avec lesquels il vint se placer entre l'armée étrangère et Paris, car il regardait sa popularité à Paris comme le plus ferme fondement de son pouvoir.

Le duc de Mayenne et le marquis de Pont s'efforçaient de contenir son impétuosité. Ils lui représentaient que la fortune de sa maison était attachée à la poignée de soldats qu'il avait sous ses ordres ; mais Guise avait besoin de se recommander aux Parisiens par quelque avantage brillant.

Cavalerie d'exploration.

Il donna l'ordre aux chefs de sa cavalerie légère, l'Albanais Thomas Fratta et le baron de Vins, d'aller reconnaître les positions des ennemis.

Ceux-ci lui rapportèrent, le 26 octobre, vers 2 heures du matin, que le baron de Dohna occupait Vimory avec une partie de sa cavalerie ; que les Suisses se trouvaient à Ladon, à 2 lieues de distance de Montargis, et que les autres corps de cavalerie étaient épars dans la campagne, sans avoir pris aucun service de sûreté, sans même avoir posé une seule vedette et une seule sentinelle ; que, d'après les avis reçus l'armée protestante marchait sur Gien où était le roi, pour, de là, venir assiéger Paris.

Fratta remit au duc de Guise la carte où il avait tracé ces divers cantonnements, à Courtenay, à 7 lieues de Montargis.

Celui-ci était à table avec Pont, Mayenne, Nemours, Aumale et Elbeuf.

Il demeura pensif pendant quelques moments, puis donna l'ordre au trompette de sonner le boute-selle.

— Pourquoi donc? dit Mayenne.

— Pour aller au combat.

— Réfléchissez à ce que vous allez faire.

— Les réflexions que je n'ai pas faites en un quart d'heure, je ne les ferais pas en un an.

L'autorité du duc de Guise était si grande dans sa famille qu'en peu d'instants tous furent à cheval.

En même temps, Guise envoya un courrier au roi pour lui porter les renseignements recueillis.

Le duc de Guise s'assure de Montargis.

Le duc de Guise fit, au même moment, partir de Courtenay le sieur de la Châtre, baron de Maisonfort (1), dans le but de s'assurer de la place forte de Montargis. Le baron arriva dans cette ville à 7 heures du matin. Il fit fermer immédiatement toutes les portes afin que personne ne pût sortir et que les ennemis ne fussent point informés du dessein du duc. En même temps, il envoya des espions dans toutes les directions. Le rapport des espions confirma de tout point les renseignements fournis par la cavalerie d'exploration.

(1) Depuis maréchal de France.

L'armée arrive à Montargis.

Le duc de Guise arriva à midi à la tête de ses troupes. Il ordonna un repos de quelques heures, pendant lequel elles prirent un repas et se préparèrent au combat qui allait se livrer.

Reconnaissance de la position.

Le sieur de Lescluseaux, envoyé à la découverte, estima qu'il était possible d'enlever le village de Vimory, où ne se trouvaient que sept cornettes de reîtres.

Ordre de marche.

Le duc de Mayenne formait l'avant-garde avec 300 chevaux, soutenu par le duc d'Elbeuf avec 200 chevaux.

Le duc de Guise formait le soutien avec 300 chevaux.

Le duc d'Aumale était en flanc-garde sur la droite avec 300 chevaux.

Le reste des forces était divisé en trois fractions.

La première, sous le commandement du comte de Saint-Paul, comprenait les troupes de Johannes Giè et de Bouc : 800 arquebusiers.

La deuxième, sous le commandement du sieur de Lescluseaux, comprenait un même nombre d'arquebusiers.

La troisième, commandée par Chevrière et Pontenac, était forte de 800 chevaux.

Les deux colonnes sortirent : la plus forte par la porte de Lyon, la plus faible par la porte d'Orléans.

La colonne de Guise suivit la route de Lyon jusqu'au chemin de Villemandeur à Vimory, prit cette direction et s'arrêta au bois de Vimory, à l'endroit où se trouve la ferme de Fontaine.

La colonne de d'Aumale passa par les Colombiers, les Saulniers, et vint s'établir à la droite de la première.

Position de rendez-vous.

En avant du bois, la cavalerie d'avant-garde, sous Mayenne et d'Elbeuf.

Derrière le bois, la fraction de Lescluseaux; à droite, la fraction du comte de Saint-Paul, à hauteur du chemin; à gauche, la fraction de Chevrière et Pontenac; la cavalerie de d'Aumale, en équerre sur la droite de Lescluseaux.

La nuit était si obscure qu'on ne pouvait se reconnaître.

Reconnaissance d'officiers.

Mayenne envoya quatre officiers de son escorte pour reconnaître la situation des ennemis. Ces officiers ne trouvèrent aucun système de sûreté.

Ajoutons que le comte de Dohna rentrait à la Chapelle, revenant d'une cérémonie funèbre, cérémonie que les protestants allemands ne célébraient que de nuit. Il venait de se mettre à table au moment où le combat fut engagé. La surprise était donc complète. Minuit sonnait.

Combat.

Les 1re et 2e fractions, composées seulement d'infanterie, se portèrent au Préau, et, de là, se répandirent dans la rue, longue de 2 kilomètres, pendant que Mayenne, avec ses cavaliers et ceux de d'Elbeuf, les côtoyait sur la gauche, toujours en dehors des haies. Chaque soldat portait une torche destinée à l'incendie des maisons.

L'autre partie de l'armée (3e fraction et d'Aumale) resta en réserve à Fontaine avec le duc de Guise.

Les fantassins pénétrèrent dans les maisons et, pendant une demi-heure, tuèrent les Allemands en plein sommeil; quelques-uns se sauvèrent et coururent à la Chapelle prévenir le comte de Dohna de ce qui se passait.

Celui-ci fit sonner l'alarme et réussit à rallier six à sept cornettes au Carrouge.

A ce moment, les fantassins se mirent à pousser le cri de guerre : « Cavalerie ! cavalerie ! »

Mayenne accourut avec les cavaliers qui se trouvaient auprès de lui, et, sans donner avis de ce qui se passait à la réserve, sans faire prévenir ses autres cavaliers, il se précipita, tête baissée, sur les reitres et traversa leurs rangs. Sur les derrières de l'ennemi, seize gentilshommes se tuèrent en tombant dans un grand fossé. Dans cette charge impétueuse, quelques cavaliers furent tués à coups de pistolets entre autres l'officier qui portait l'étendard de Mayenne ; cet étendard fut pris. Mayenne reçut dans le menton de sa salade un coup de pistolet. Les reitres ne perdirent que trois des leurs ; le comte de Dohna fut blessé à la tête par Mayenne.

La situation devenait critique, lorsque tout à coup le village s'alluma d'une double ligne de feux : toutes les maisons en bordure flambaient. C'était la victoire pour les catholiques. Les reitres qui s'y trouvaient retranchés, ne trouvant plus de ressources que dans la fuite, en sortirent et furent poursuivis à la clarté des flammes. Les cavaliers se précipitèrent sur leurs logis pour sauver le butin. La débandade était complète.

Les reitres perdirent 1,000 hommes ; on leur prit environ 1,200 chevaux, 4 étendards, 120 chariots, 2 chameaux.

Le comte de Dohna, avec 200 hommes qu'il put rallier, se rendit à franc étrier à Ladon et prit immédiatement ses dispositions pour la retraite. Le roi n'avait plus rien à craindre à Gien, mais Paris se trouvait toujours menacé. La camisade d'Auneau le sauva comme celle de Vimory avait sauvé le roi.

Massacre des reîtres par les paysans.

Les reîtres, cachés dans les granges ou fuyant dans la campagne, furent tués par les paysans à coups de fourches et de leviers.

Ils criaient : « Bonne France ! Vive France ! » Mais les paysans restaient sans pitié ni miséricorde, au point que la plaine était couverte de morts.

Dès que les portes de Montargis furent ouvertes, les habitants de cette ville achevèrent ce qu'avaient si bien commencé les paysans de Vimory.

Montargis et Vimory s'enrichirent d'une partie des dépouilles que les protestants avaient arrachées à la Lorraine ainsi qu'aux pays traversés dans leur marche jusqu'à Ladon-Vimory.

Retour des princes à Montargis.

Dès que le succès fut entièrement assuré, les princes vinrent à Montargis rendre grâce à Dieu de cette victoire en l'église paroissiale de Sainte-Marie-Madeleine.

Après la cérémonie religieuse, ils tinrent conseil et se décidèrent à partir dès le lendemain pour marcher sur Etampes, où tous les reîtres achevèrent d'être entièrement défaits, le 4 novembre 1587 (camisade d'Auneau).

Souvenir.

La bataille de Vimory est célèbre aux environs de Montargis, non seulement à cause de la défaite des reîtres et lansquenets, mais surtout à cause du butin réalisé. Les paysans de Vimory sont glorieux de descendre d'ancêtres qui ont assommé des soldats de profession, vrais bandits rappelant les hordes les plus barbares.

L'étang Sanguin tire son nom du massacre qui eut lieu sur ses bords, et de nombreux ossements sont encore trouvés aux Bordes.

IV

La camisade de Vimory fut une grande victoire à cause de ses résultats; mais elle n'aurait guère été qu'une échauffourée de peu d'importance si les paysans n'avaient massacré les reîtres apeurés, que la crainte de perdre leur butin avait dispersés.

L'audace du duc de Guise a été extrême : avec 4,500 hommes il a osé attaquer l'avant-garde d'une armée de 40,000 hommes (opération qui ne pouvait se faire que de nuit) et a obligé cette armée à rétrograder tellement démoralisée qu'il a suffi de la camisade d'Auneau pour la détruire.

Les troupes de Guise étaient des troupes éprouvées, sans quoi elles n'auraient pu résister aux fatigues extraordinaires qu'il leur imposait.

Ces troupes quittent Courtenay à 6 heures du matin et arrivent à Montargis à midi, ayant fait 28 kilomètres après avoir pris un léger repas; le boute-selle fut sonné au moment où les troupes ne s'y attendaient guère.

Repos de midi à 6 heures.

De 6 heures à minuit, marche et position d'attente; de minuit à 8 heures du matin, combat et retour à Montargis.

Repos le 28.

Le 29, marche sur Etampes.

Nous avons indiqué les causes du succès; nous n'y reviendrons donc pas.

Nous dirons seulement que le duc de Mayenne a accompli un acte téméraire en coupant en deux les colonnes du comte de Dohna, au Carrouge, par une charge impétueuse, et en se portant sur leurs derrières, sans avoir fait prévenir la réserve ainsi que les cavaliers qui s'étaient momentanément écartés de lui à cause de l'obscurité.

Tout est possible la nuit, mais à condition que le succès se soit décidé avant le jour.

La dispersion de l'infanterie dans une rue longue de 2 kilomètres aurait pu devenir un désastre.

L'incendie transforma le combat en massacre ; la peur de perdre leur butin, disséminant les reîtres dans les fermes, le massacre fut continué par les paysans, aidés au matin par les habitants de Montargis, accourus à la curée.

Dès le lendemain 28 octobre, le comte de Dohna battit en retraite vers Etampes, gagnant ainsi un jour de marche sur Guise.

Guise quitta Montargis le 29 octobre et, le 4 novembre, surprit de nouveau les protestants à Auneau et leur infligea une défaite telle, que cette armée terrible et nombreuse — autant redoutée des huguenots que des catholiques — dut rentrer en Allemagne presque anéantie.

CONCLUSIONS

Un bon système d'espionnage, une cavalerie d'exploration bien instruite sont les premiers éléments du succès.

La conception géniale, l'audace, l'énergie, caractérisent le général en chef.

La bravoure des soldats et leur attachement à leurs chefs sont les éléments d'un succès certain.

Le concours des habitants donne au succès toute son intensité.

Telles sont les conclusions générales de la camisade de Vimory.

Guise est audacieux; Dohna est irrésolu. Dohna n'a pas de cavalerie d'exploration; il n'a pas d'espions. Ses 40,000 hommes le rendent aveugle vis-à-vis d'une armée de 4,500 soldats qu'il méprise. Ses logis sont trop étendus. Aucun système de sûreté. Guise avait sa troupe dans la main. Les soldats de Dohna ne lui sont attachés que pour le pillage; dès que l'ennemi se présente, ces soldats craignent pour leur butin et ils se dispersent pour le protéger.

Aucune idée élevée ne les lie; donc, aucune assistance mutuelle, point de camaraderie de combat.

Guise dut surtout son succès à l'incendie, alimenté par les murs de torchis, les toits de chaume, les gerbes dont les granges étaient pleines, le foin dont les greniers étaient gonflés. Si Guise avait pris en pitié les paysans de Vimory, il perdait tout le fruit de son entreprise. Pour avoir un succès certain, les sentiments généreux doivent souvent se taire.

Le succès fut l'œuvre tout entière de l'infanterie. La cavalerie a fait à travers champs une charge brillante qui aurait pu tourner en désastre si les reitres, au lieu de se débander devant l'incendie, eussent étendu leurs rangs.

Un certain nombre de gentilshommes trouvèrent la mort dans un fossé.

La cavalerie ne paraît donc pas devoir concourir, au moins en masse, aux surprises de nuit.

Ces surprises appartiennent tout entières à l'infanterie, à laquelle il serait bon de joindre quelques paquets de cavalerie pour la rapidité des communications entre les différents éléments des troupes.

La victoire est le fruit de la science et du génie. Encore faut-il savoir saisir l'occasion par les cheveux. « C'est ma faute, dit Turenne, si je suis battu ; je n'ai pas su saisir l'occasion, je l'ai laissée passer. »

En résumé, les combats de nuit sont surtout le fait de l'infanterie.

Les troupes que ne lie pas une idée généreuse, que n'enflamme aucun enthousiasme, qui ne combattent que pour le butin sont de mauvaises troupes, en ce sens que, si chacun est brave en particulier, il n'y a aucune cohésion entre toutes ces bravoures, aucune assistance mutuelle possible. La désunion des esprits propage l'indiscipline, et une armée sans discipline est une armée sans force.

La sensibilité doit être bannie du cœur si elle forme obstacle à un succès certain.

FIN

Paris et Limoges. — Imprimerie militaire Henri Charles-Lavauzelle.

200

Librairie militaire Henri Charles-Lavauzelle

Paris, 11, place Saint-André-des-Arts.

La tactique de la compagnie et du bataillon à l'étranger et en France, d'après les règlements de manœuvres. — Br. in-8° de 118 pages... 2 »

La tactique de l'infanterie française en 1887. — Brochure in-8° de 32 pages........ » 60

L'infanterie dans la préparation et dans l'exécution de l'attaque. — Brochure in-8° de 24 pages........ » 60

Les méthodes stratégiques des Allemands en 1870. — Brochure in-8° de 36 pages........ 1 »

Armée italienne. — Règles générales pour l'emploi des trois armes dans le combat (document officiel émanant du bureau du chef d'état-major général). Traduction française par le capitaine Soulié, du 112e d'infanterie. — Volume in-8° de 72 pages, broché........ 2 »

Patrouilles indépendantes, tactique nouvelle nécessitée par les armes à longue portée et la poudre sans fumée, par le baron G. von der Goltz, capitaine au 15e régiment d'infanterie, prince Frédéric des Pays-Bas, traduit, avec l'autorisation de l'auteur, par E. Jaeglé, professeur à l'Ecole spéciale militaire de Saint-Cyr. — Volume in-18........ 2 50

Lois, décrets et règlements relatifs à l'organisation de l'armée. — Volume grand in-8° de 568 pages, broché........ 6 »

Programmes d'examens pour l'admission à l'**Ecole supérieure de guerre** en 1892. — Brochure in-8° de 20 pages........ » 50

Sujets des compositions écrites pour les concours d'amission à l'**Ecole supérieure de guerre** depuis 1878. — Brochure in 8° de 24 pages. » 50

Programmes d'examens pour l'obtention du **brevet d'état-major** en 1891. — Brochure in-8° de 24 pages........ » 50

Les Leçons de la guerre, par Ch. Despuels, colonel d'artillerie en retraite, commandeur de la Légion d'honneur. — Vol. in-8° de 500 p. broché. 7 50

Histoire militaire de la France, de 1643 à 1871, par Emile Simond, lieutenant au 28e de ligne. — 2 volumes in-32, brochés........ 1 »
Reliés toile anglaise........ 1 50

Ministère de la guerre. — **Histoire militaire,** avec 12 cartes. — Volume in-18 de 246 pages........ 4 50

L'Armée française à travers les âges, par L. Jablonski :

Tome Ier. — Des origines de notre pays jusqu'à Philippe le Bel. — De Philippe le Bel à la bataille de Fontenoy.
Volume in-12 de 500 pages, broché........ 5 »

Tome II. — De Louis XIV à la Révolution. — L'armée pendant la Révolution et sous l'Empire.
Volume in-12 de 480 pages, broché........ 5 »

Tome III. — De la Restauration à 1848. — De 1848 à 1870.
Volume in-12 de 540 pages, broché........ 5 »

Tome IV. — Le droit des gens, la préparation à la guerre, éléments qui composent l'armée, combattants et non combattants, services administratifs.
Volume in-12 de 498 pages, broché........ 5 »

Tome V. — (*Sous presse*).

Etude sommaire des campagnes d'un siècle, par le capitaine Ch. Romagny, ex-professeur adjoint de tactique et d'histoire à l'Ecole militaire d'infanterie.

Campagne de **1792-1806.** — 1 volume (4 cartes).
— **1805.** — 1 volume (2 cartes).
— **1813.** — 1 volume (4 cartes).
— **1814.** — 1 volume (1 carte).
— **1815.** — 1 volume (1 carte).
— **1859.** — 1 volume (1 carte).
— **1866.** — 1 volume (4 cartes).
— **1877-78.** — 1 volume (3 cartes).

8 volumes in-32, brochés, l'un........ » 50
Reliés toile anglaise........ » 75

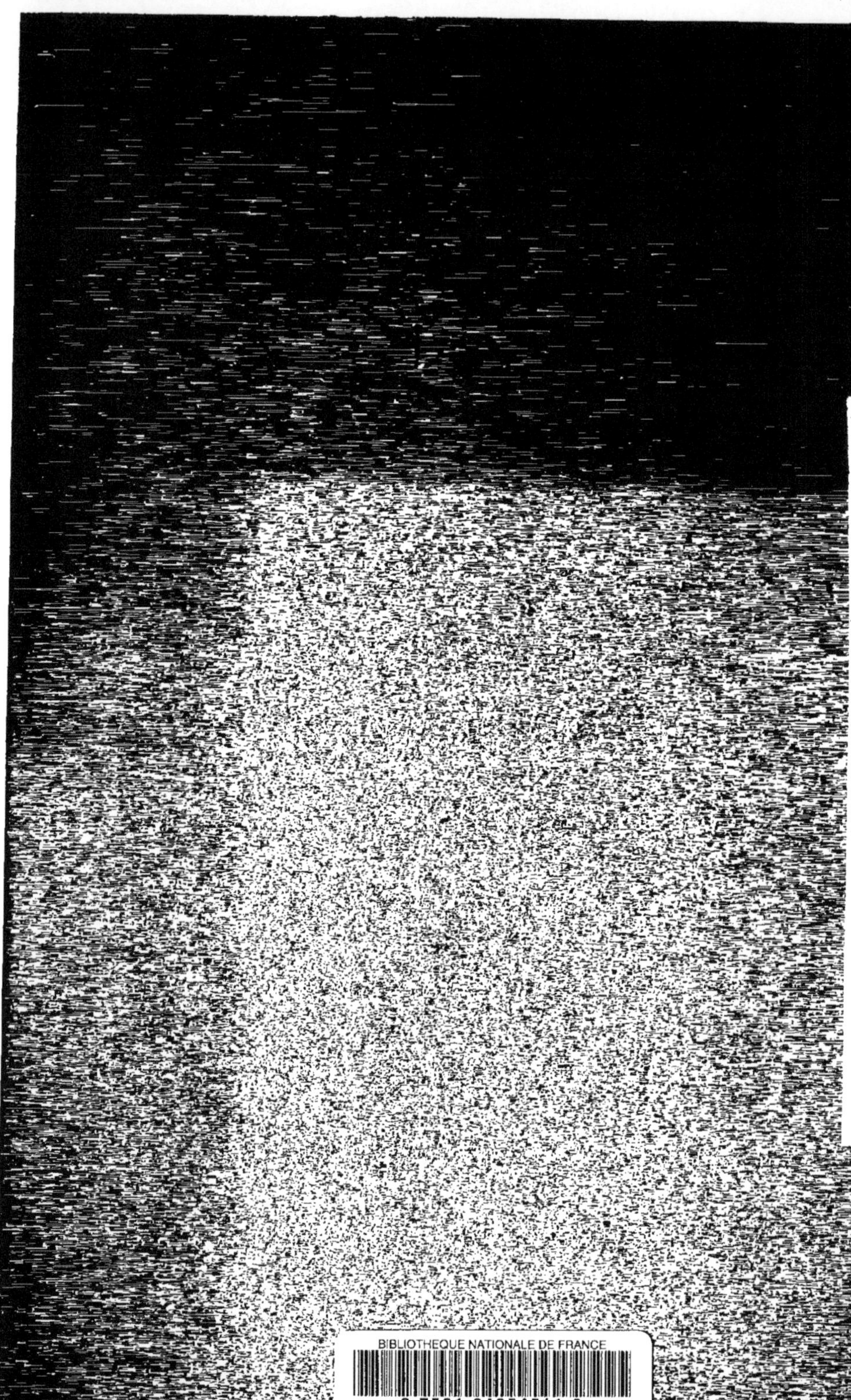

www.ingramcontent.com/pod-product-compliance
Ingram Content Group UK Ltd.
Pitfield, Milton Keynes, MK11 3LW, UK
UKHW020218200726
13856UKWH00004B/1464